मेरे लफ़्ज़

प्रीति खोसला

Copyright © Preeti Khosla
All Rights Reserved.

This book has been published with all efforts taken to make the material error-free after the consent of the author. However, the author and the publisher do not assume and hereby disclaim any liability to any party for any loss, damage, or disruption caused by errors or omissions, whether such errors or omissions result from negligence, accident, or any other cause.

While every effort has been made to avoid any mistake or omission, this publication is being sold on the condition and understanding that neither the author nor the publishers or printers would be liable in any manner to any person by reason of any mistake or omission in this publication or for any action taken or omitted to be taken or advice rendered or accepted on the basis of this work. For any defect in printing or binding the publishers will be liable only to replace the defective copy by another copy of this work then available.

क्रम-सूची

एक मकान तो चार ,दीवारों-सा बंद लगता है

माँ के साथ ही घर,घर-सा लगता है।

मेरी ख़ामोशी की ज़ुबान हैं,

हाँ सच है, वो सिर्फ मेरी माँ है।

सच!खुदा को भी खुदा होने पर अफसोस हो जाता होगा,

जब सोते बच्चे पर माँ का प्यार नजर आता होगा

मुझे शहजादी बनने के लिए , किसी बादशाह की जरूरत नहीं

मेरे पापा ही बहुत है ....

ख़ामोशी से खुद को मुझमें बसा रखा है ,

तेरे ख्यालों ने मेरे अंदर बवाल मचा रखा है

तेरा आंखों से मुझे छूना ,

जैसे मेरी रूह में , तेरे जिस्म का होना।

अनजान है हम,तेरे इरादों से

खौफ मे हो न तुम, मेरे ख्यालातो से

तेरी बेवफाई कुछ यूं ठहर गई है मुझ मे,

हर दिल तुझ सा हो गया है ,मेरी नजर मे

कुछ यूं मुकम्मल करना मुझे,

जैसे इस सूने आसमां पर चाँद

बेवफाई ल॰जों से छुपा सकते हो, जज्बातो से नहीं

धोखा आँखो से दे सकते हो,नज़रो से नहीं

तेरा वजूद यूं घर कर गया लगता है

तेरा न होना भी तेरे होने सा लगता है।

इस क़दर हैं तेरे इश्क़ की दीवानगी मुझे

आईने में खुद को देखू नज़र तुम आते हो मुझे

जानें क्यूं लोग इश्क़ में लव्ज़ जाया करते है,

वो तो हर रोज़ नज़रो से पूछ कर..

मेरी मुस्कान से जवाब ले जाया करते है।

मुड़कर कुछ नज़रो से वो यूं कह गए,

ज़ुबान से जो कहते कहते वो रह गए।

किसकी दगा ने तुम्हे,बेवफा बनाए रखा है,

आँखों में नफरत पर दिल में, प्यार छुपाए रखा है।

तेरी नज़रो में जब से देखा है खुद को ,

आईना भी बेसूद सा लगने लगा है मुझको।

मुझे मुझमें ही जकड़ रखा हैं कही ,,

तेरी यादो से छूटने का रास्ता मिला ही नहीं कभी।

कितने दफा लिखा और सिर्फ लिख?

Ho naa kuch mere Siva hai mujh mein...

Aaj bhi tu kahin Na kahin Rvaa hai mujh mein...

Teri sazaa ka main haqdar toh nhi..

Pr teri razaa pr bhi mujhe inkaar toh nhi..

Is ehsaas ka gawah sirf khuda hai..

Tu toh iska hissedaar bhi nhi...

Teri Raato pe Mera phera ho..

Ye rishta kuch ghera ho...

Tere

dil mein sma jau is kadar..

Jaise

Smndr mein Paani dhera ho.

Sirf Is kashmakash mein hu...

Ki main tujh mein hu ya khud mein hu...

Pr aaj ehsaas hua...

Ki main tere safar mein hu.

Aksar tujh mein uljhi rehti hu..

Khud se main aajkl kahan mil paati hu..

Waqt bhi Badal gya sa lgta hai..

Ab main lamho mein nhi sirf tujh mein rehti hu..

Wo mile pr,ishq adhura reh gya

Unke andr hi shi pr,taumr reh gaya..

Pass nhi saath rho

Lavz Nhi jazbaat kho.

www.ingramcontent.com/pod-product-compliance
Lightning Source LLC
LaVergne TN
LVHW041716060526
838201LV00043B/762
9798887175034